l … tableau

MÉLI MARLO

ILLUStrations de
CLAIRE LE GRAND

Chapitre 1

La cloche a sonné.
– Bonjour maîtresse, disent les enfants.
– Bonjour les enfants,
répond la maîtresse.
Vous êtes prêts pour
la première leçon de l'année ?

La maîtresse s'approche du tableau noir. Elle entrouvre l'un des côtés.

— HIIIIII !

crie Julie au premier rang.
Elle disparaît sous son bureau.
À l'intérieur du tableau noir,
elle vient de voir…

– **HAAA !**

crient Anne et Thomas.

Ils courent se cacher dans l'armoire.

À l'intérieur du tableau noir,

ils viennent de voir…

– Mais que se passe-t-il ?
demande la maîtresse.

– Là ! une patte poilue ! crie Julie en montrant du doigt le haut du tableau.

– Il va nous dévorer ! hurle Mathilde, debout sur sa chaise.

– Je vois ses dents pointues !

dit Antoine
en tremblant.

– Il a de gros yeux rouges,
des oreilles géantes,
des piquants
sur la tête…
et il est énorme !
gémit Laura, cachée
derrière son cartable.

– Mais qui ça ?
demande la maîtresse.

– LE MONSTRE DU TABLEAU !

crient tous les enfants.

Chapitre 2

La maîtresse s'avance sans bruit au milieu de la classe. Elle pose un doigt sur sa bouche et fait signe de se taire.

– Ce monstre, je le connais, chuchote-t-elle. Il profite des vacances pour s'installer dans le tableau…

– Il faut le chasser ! crie Thomas dans l'armoire.

La maîtresse sourit.
Elle dit d'un air mystérieux :
– J'ai une meilleure idée. Nous allons apprivoiser le monstre du tableau…
– Comment apprivoiser un monstre ? demande Paul en tremblant.

– Nous allons lui réciter les lettres de l'alphabet, explique la maîtresse. C'est ainsi que le monstre se nourrit. Et il a bon appétit. Mais une fois son ventre rempli, il deviendra très gentil.

Et la maîtresse commence à réciter :

– **A, B, C, D,**
le monstre va manger…

– **A, B, C, D,** le monstre va manger… chuchotent les enfants en claquant des dents.

– **E, F, G, H,**
fini de jouer à cache-cache…
Anne et Thomas sortent de l'armoire.

– **I, J, K, L,**
ce monstre n'est pas cruel…
Mathilde descend de sa chaise.

– **M, N, O, P,**

nous allons lui réciter…

Julie pointe le bout de son nez.

– **Q, R, S, T,**

les lettres de l'alphabet.

Antoine et Mathilde

se mettent à danser.

– U, V, W,
il ne va plus nous embêter !
Laura hurle de joie.
Les enfants n'ont plus peur,
ils sont sortis de leurs cachettes
et chantent avec la maîtresse :

– X, Y et Z,
le monstre va
nous venir en aide !

Chapitre 3

Les yeux du monstre semblent moins méchants.
– Moi, j'aimerais bien voir sa tête, dit Julie.
– Mais qui va ouvrir le tableau ? demande Antoine.
– Allez-y tous ensemble, propose la maîtresse.

À pas prudents, les enfants
s'approchent du tableau.
Ils ouvrent en grand les deux côtés…

_OOOOOH !

s'écrient les enfants...

– Je vous présente le monstre du tableau, dit fièrement la maîtresse. Maintenant il est votre ami. Tous les matins, il faudra lui donner à manger les lettres de l'alphabet.
– Promis ! disent les enfants en riant.
Thomas s'écrie :

– Moi, j'ai une idée : on va l'appeler le Gardien de l'alphabet !

fin !

300, rue Léon-Joulin, 31101 Toulouse Cedex 1 – France

Loi 49.956 du 16.07.1949
Dépôt légal : 3e trimestre 2000
ISBN : 2-7459-0119-2
Imprimé en Belgique